▼清見寺　静岡市。尚宏の墓がある。

●――具志頭王子尚宏の墓

▼慶長検地　薩摩藩が一六一〇～一一（慶長十五～十六）年に奄美、沖縄、先島の琉球全島に実施した検地。太閤検地の基準で調査した。

早く帰帆して祖先の祀りを継ぐべき旨の命令があったので、尚寧は手で舞い、足を踏んで歓喜した。家久には琉球の貢税を賜り、その他の捕虜も悉《ことごと》く琉球に帰された。

と、中山王の改易《かいえき》を禁じて琉球国家の存続を命じ、島津氏には琉球の貢納物を受け取ることを認めた（木村高敦『武徳編年集成』下巻）。豊臣秀吉《とよとみひでよし》の朝鮮侵略後、徳川家康は明《みん》・朝鮮との講和を模索していた。そのため、家康は一六〇二（慶長七）年冬、奥州《おうしゅう》伊達《だて》政宗《まさむね》領に漂着した琉球人を島津家久に送還させ、琉球国王に来聘《らいへい》を要求していた。幕府は明に朝貢する琉球に対明講和の仲介役を期待し、琉球を国家として存続させたのである。

一六〇九（慶長十四）年七月七日、家康は琉球征服の軍功として琉球を島津家久にあたえ、仕置《しおき》を命じた。薩摩藩は琉球に検地《けんち》を実施し、一六一一（慶長十六）年四月それを終えた（慶長検地▲）。そして九月、琉球仕置を行い、琉球支配の基本方針を定めた。第一は、琉球国王に沖縄島ならびに諸島（慶良間《けらま》・伊平屋《いへや》島・伊是名《いぜな》島・伊江《いえ》島・渡名喜《となき》島・粟国《あぐに》島・久米《くめ》島・八重山《やえやま》・宮古《みやこ》島）で八万九〇八六石《こく》余を宛行《あてが》い、そのうち五万石は国王の蔵入地《くらいりち》（直轄地）に、残りを家臣団《かしんだん》の知行地《ちぎょうち》とするよう命じた。総石高一一万三〇四一石との差二万三九五五石は奄美《あまみ》諸島(道之島《みちのしま》)であるが、同地は薩摩藩が割《さ》きとった。第二は、毎年琉球から薩摩藩に貢納すべき品々として、芭蕉布《ばしょうふ》三〇〇〇反・上布六〇〇〇反・下布一万反・苧麻《からむし》一三〇〇斤・綿三貫目・棕櫚綱《しゅろつな》一〇〇房《ぼう》(長さ六〇尋《ひろ》)・黒綱一〇〇房・莚《むしろ》三八〇〇枚・牛皮二〇〇枚を定めた。第三は、「掟《おきて》十五カ条▲」を制定し、幕藩体制の支配秩序の導入をはかった。その冒頭、中国での買物を薩摩の注文品だけに限り、琉球の進貢貿易を薩摩藩の管理下におくことを明言した。第四は、国王・三司官《さんしかん》▲から起請文《きしょうもん》を提出させ、琉球は昔から「薩州島津氏之附庸」だったことを認めさせた。起請文に署名しなかった三司官謝名利山《じゃなりさん》は、島津義弘《よしひろ》の命で殺害された。

翌十月、尚寧は二年ぶりに琉球に帰国した。

▼**掟十五カ条**　一六一一(慶長十六)年に薩摩藩が琉球支配の基本方針を定めた法度《はっと》。琉球の日本同化をめざしたが、一六一五(元和元)年に日明講和交渉が不調に終ると異化政策に転じ、一六二四(寛永元)年の「定」で琉球の自主性を認めた。

▼**三司官**　国王を補佐して政務を担当した。親方《うぇーかた》のなかから選挙で選び、薩摩藩の承認をえて任命された。

①——幕藩体制下の琉球

同化から異化へ

「掟《おきて》十五カ条」に引き続いて、薩摩《さつま》藩は琉球《りゅうきゅう》に幕藩体制の支配秩序の導入を企てた。すなわち、一六一三(慶長十八)年六月一日付の「御掟之条々」で、「琉球の様子が昔(薩摩支配以前)の風体に戻らないよう毎年使者を派遣して申し聞かせる」と、さらに同年九月十五日付の「覚」でも、「琉球は諸式日本に相替わらざるよう法度《はっと》を定めること」と命じている。ところが一六一五(元和元)年閏六月、家康《いえやす》が進める対明《みん》講和(日明国交の成立)を明側が一切受けつけなかったと琉球が報《しら》せてくると、薩摩藩は翌年以降、琉球に固有の政治形態と風俗を認める方針に転じた。たとえば、一六一六(元和二)年三月には、薩摩藩が使者を派遣して定めることに琉球がみな同意するようでは「国家長久之基」にならないと述べ、一七(同三)年には、琉球生まれの者が日本人の髯《ひげ》・髪《かみ》・衣裳《いしょう》にかえることを禁じ、もし違犯《いはん》して日本人の形《なり》をする者があれば取調べのうえ罪科に処すと、琉球人に日本人の風俗を禁止した(伊波普猷「孤島苦の琉球史」)。

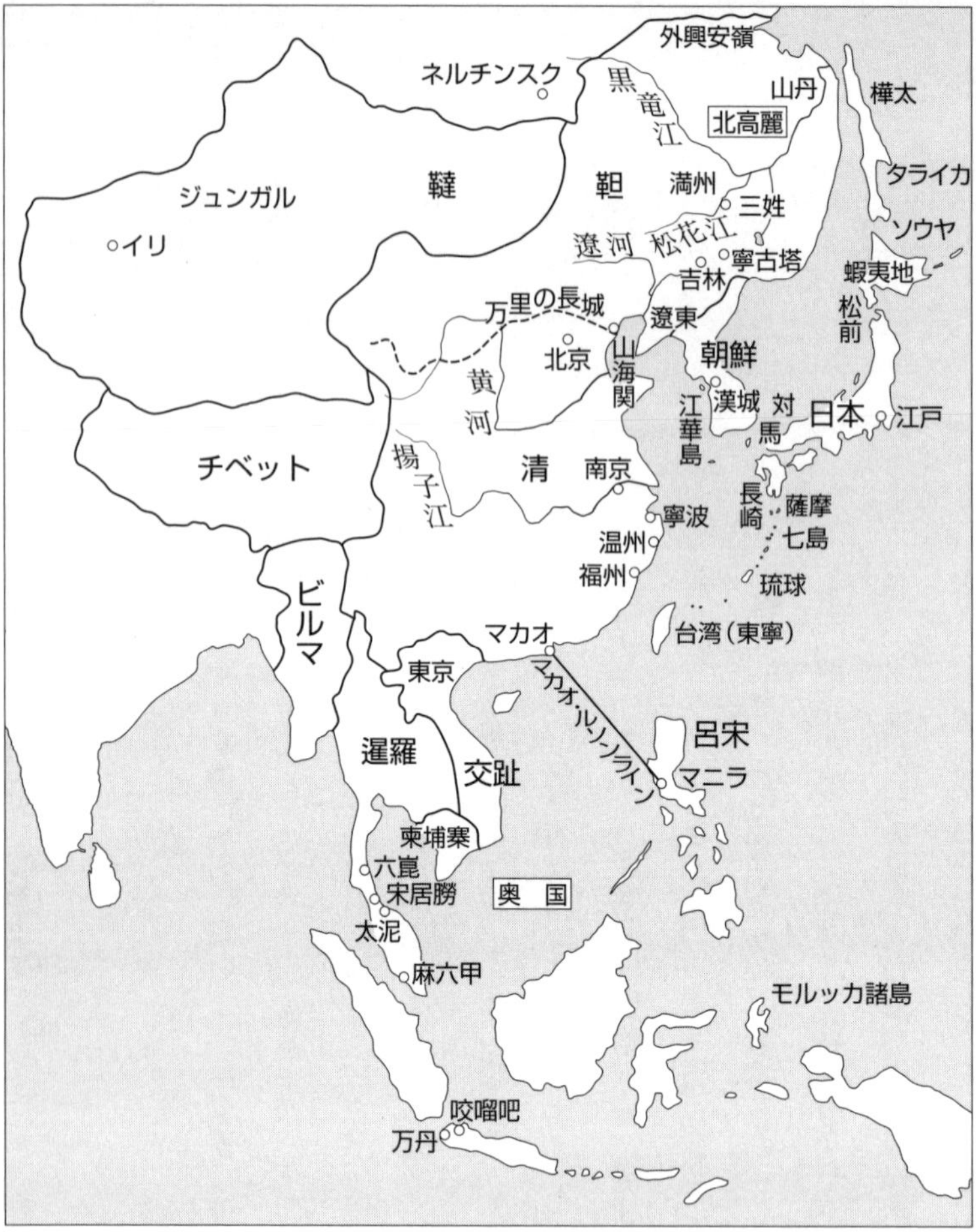

●──17〜18世紀の東アジア（紙屋敦之『大君外交と東アジア』吉川弘文館，1997年による）

●——帕

▼冊封　中国皇帝が周辺諸国の首長《しゅちょう》を国王に封じること。尚氏は代々「琉球国中山王」に封じられた。

琉球の自主性という観点からいえば、尚寧《しょうねい》は一六一六年六月、今後跡継ぎが生まれない場合、佐敷王子《さしきおうじ》朝昌《ちょうしょう》の息子に相続させることという島津《しまづ》氏の命令に同意していたが、二〇（元和六）年九月尚寧がなくなる（五七歳）と、朝昌の息子尚恭《しょうきょう》が幼少（九歳）のため、三司官《さんしかん》毛鳳朝《もうほうちょう》（読谷山盛韶《よみたんさんせいしょう》）らは危機感を覚え、父朝昌の即位をはかった（『球陽』附巻一）。一六二一（元和七）年、朝昌は即位して尚《しょう》豊《ほう》と称し、翌年明に、世子《せいし》として先王尚寧の訃《ふ》を告げ、冊封《さくほう》▲を求請した。この尚豊の擁立について、豊見山和行氏は「王府臣下層の意思が島津氏の意向をストレートに貫徹させなかったということである」と述べる（「近世琉球の外交と社会—冊封関係との関連から—」）。冊封を請う際は、世子がまちがいなく先王の子であることを、琉球の家臣団が中国皇帝に保証した「結状《けつじょう》」を提出することになっていた（一五三一〈享禄四〉年尚清《しょうせい》のときに始まった）。尚豊は薩摩藩の命令より家《か》臣団《しんだん》の総意に従ったのである。

薩摩藩は一六二一年道之島《みちのしま》（奄美《あまみ》諸島）に再検地《けんち》を実施し、二三（元和九）年閏八月「置目《おきめ》条々」を定めて道之島の島政改革を行い、島役人たちが琉球に赴き、国王から帕《はちまき》（冠）を授かることを禁じて政治的な結びつきを断ち、二四（寛永元）

年に道之島を薩摩藩の蔵入地《くらいりち》とした。「置目条々」は奄美大島、喜界《きかい》島のそれが残っている。

一方、琉球に対しては、一六二四年八月二十日、左記の「定」を制定し、政治・風俗の両面にわたって、その自主性を認めた。

定

一三司官その外諸役職の扶持《ふち》方、自今《いまより》以後は御分別次第たるべきのこと、

一科人《とがにん》死罪・流罪の儀、この方に御伺いに及ばず、御分別次第たるべきこと、

一日本名を付け、日本支度仕り候は、かたく停止《ちょうじ》たるべきこと、

一おりめまつり(折目祭)の儀、この方御蔵入の分は、耕作時分違わざるようにと仰せ付けられ候、御分領の儀は御分別次第たるべく候、

一他国人その地へ参る儀停止たるべきこと、

右条々向後違篇有るべからざるものなり、

寛永元年八月廿日　比志島《ひしじま》宮内少輔(国貞)(花押)

伊勢《いせ》兵部少輔(貞昌)(花押)

島津下野守（久元）（花押）

史料中の「この方御蔵入」は薩摩藩直轄の道之島、「御分領」は琉球国王の領分である。琉球国王に、⑴三司官以下の諸役職に対する扶持給与権、⑵科人の死罪・流罪など重罪の裁判権、⑶折目祭など農耕にかかる祭祀権、を認め、⑷琉球人に日本風俗を禁じた。さらに⑸薩摩藩以外の他国人が琉球に渡海することを禁じた（『鹿児島県史料　旧記雑録後編四』一八五五号。以下、後編四―一八五五号と略す）。知行《ちぎょう》に関しては、薩摩藩は「掟十五カ条」で、昔から由緒ある人でも今役に立たない人には知行をあたえるな、と命じていた。

薩摩藩が政治・風俗の両面から琉球の自主性を認めたのは、国交を成立できなかった中国・明との仲介役を琉球に期待するうえで琉明関係の正常化が必要であり、そのために琉球を琉球たらしめておくことが必要不可欠と考えたからである。薩摩侵入後、一六一二（慶長十七）年に明は琉球の進貢を二年一貢から一〇年一貢に変更した。薩摩藩は琉球をして貢期の旧制回復を交渉させ、ようやく一六二二（元和八）年に五年一貢に回復していた。

い。
幕藩体制下への編成を機に薩摩藩は琉球に対し、以下のことを行った。第一は、「附庸《ふよう》」説を発展させて「嘉吉《かきつ》附庸」説を展開した。薩摩藩は琉球の石高の加増を幕府に願い出た際、「琉球が島津家に付属させられたのは、室町幕府の将軍普広院御所《ふこういんごしょ》時代のことである」と、一四四一(嘉吉元)年に島津忠国《ただくに》が室町幕府六代将軍足利義教《あしかがよしのり》から琉球を賜ったとする所説を唱え、琉球支配の正当性を遠い過去にさかのぼって主張した。しかし現在まで、薩摩藩が主張するような史実は確認されていない。「嘉吉附庸」説が「史実」として認知されるのは、十九世紀初めの『島津国史』(一八〇二〈享和二〉年)、および幕府が編纂した『寛政重修《かんせいちょうしゅう》諸家譜《しょかふ》』(一八一二〈文化九〉年)においてである。

第二は、琉球国王を「琉球国司《こくし》」に任職した。琉球の正史『中山世譜《ちゅうざんせいふ》』▲は、国司の任職を一六三六(寛永十三)年としているが、その前年六月一日付の薩摩藩家《か》老《ろう》宛書状に尚豊が琉球国司と称している。

薩摩藩は、佐敷朝益・金武朝貞を徳川家光に拝謁させ、琉球が幕藩体制の知行・軍役体系のなかに編成されたときに、琉球国王に琉球国司と名乗るよう命

●—『中山世譜』

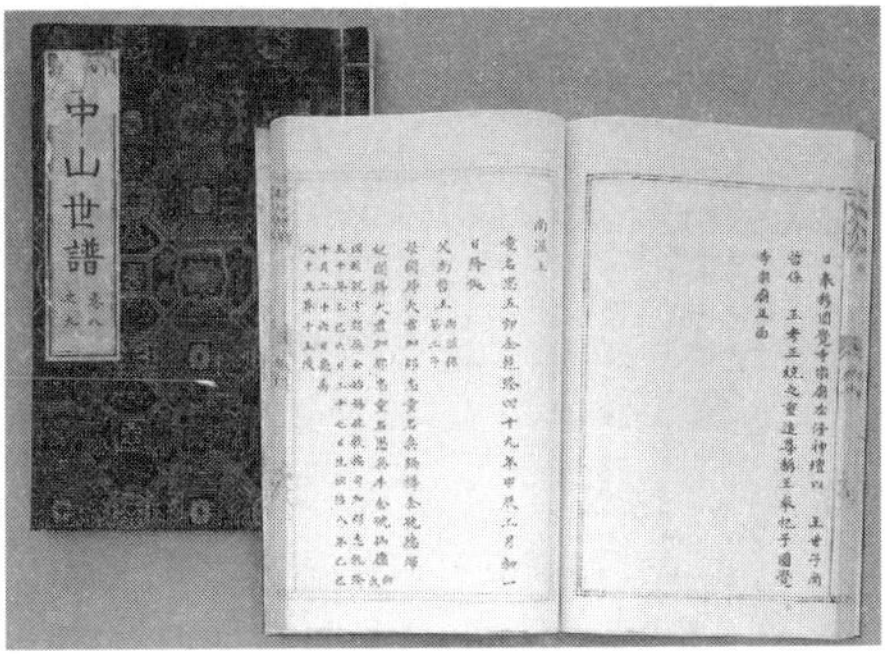

▼『中山世譜』　琉球の正史。一七〇一(元禄十四)年、蔡鐸《さいたく》が『中山世鑑《せいかん》』を漢訳し『中山世譜』と名づけた。一七二五(享保十)年子の蔡温が重修。以後、系図座で書き継がれた。

●—「首里旧城之図」

●首里城正殿

じたのではなかろうか。

琉球国司の初見は一六一五(元和元)年十月である。島津家久が呂宋《ルソン》国司(スペイン領フィリピン総督)に対し、徳川家康が琉球国司に呂宋渡海朱印状をあたえたので貿易に応じてくれるよう依頼した書簡がそれである。このほか国司の事例として、一六一二(慶長十七)年に島津氏がポルトガル領マカオの役人を南蛮《なんばん》国司と称している。イエズス会が編纂した『日葡辞書《にっぽじしょ》』によると、国司は「副王または総督」の意味である。ポルトガルの植民地であるインド副王、スペインの植民地であるメキシコ副王はその例である。国司は、国王(将軍)の支配下にある琉球の王位をあらわしている。

第三は、前述した琉球の使者を将軍に拝謁させたことである。

このように薩摩藩は琉球の使者を徳川将軍への外交使節に仕立てて、「嘉吉附庸」説を唱え、琉球国王を琉球国司に任職した。これは明が尚氏を琉球国中山王に冊封し、進貢使を派遣させる形で琉球を支配下においたのに対する対抗措置であったといえる。

幕藩体制下の琉球は、これまで「日中両属」として理解されてきた。島津氏宛の領知判物に記載された「此外」がその根拠であった。しかし最近の研究は、近世の日琉(薩琉)関係を「朝貢」(豊見山和行「複合支配と地域―従属的二重朝貢国・琉球の場合―」)とか、「前近代東アジア国際交流」(深瀬公一郎「近世日琉通交関係における鹿児島琉球館」)という観点から行われている。

●――ヌルハチ像

▼**サルフの戦い**　一六一九年、後金が明の大軍を破った戦い。明清交替の歴史上、天下分け目の戦いといわれる。

②――明清交替と琉球

清の台頭

清《しん》は中国東北地方の女真族《じょしんぞく》が建国した国家である。女真族は建州《けんしゅう》・海西《かいさい》・野《やー》人《いん》の三つの集団に分かれていた。明《みん》末には、建州部は遼河《りょうが》支流の渾河《こんが》流域、海西部は松花江《しょうかこう》流域、野人部は豆満江《ツマンガン》流域に居住していた。一五三〇年代末ごろ、明が女真族の入貢を海西部一〇〇〇人、建州部五〇〇人の一五〇〇人に制限したことから、女真族のあいだで明との朝貢貿易をめぐって争いが激しくなった（江嶋壽雄「明末女直の朝貢について」）。一五八三年、建州部のヌルハチ（奴児哈赤、清の太祖《たいそ》）が挙兵し、女真族の統一戦争を始めた。ヌルハチは一五九三年に女真族を統一し、一六〇九年明への入貢を中止して、一六一六年一月、盛京《ホトアラ》を都《みやこ》に後《こう》金《きん》を建国した。かつて燕京《えんきょう》（今の北京《ペキン》）を都に金（一一一五〜一二三四年）という女真族の国家があったので、国号を後金と称したのである。

後金は一六一九年サルフの戦い▲で明の大軍を破り、二一年三月遼東《りょうとう》半島を占領し、遼東に遷都した（一六二五年瀋陽《しんよう》に再遷都）。続いて一六二七年一月朝鮮に侵攻し(丁卯の胡乱《ていぼうのこらん》▲)、三六年四月国号を清と改め、その年の十二月、朝鮮に二度目の侵攻(丙子《へいし》の胡乱▲)を行って服属させ、三七年朝鮮を冊封《さくほう》した。清は一六三八年九月から翌年三月にかけて明に侵入し、北京を通過して山東《さんとう》省・済南《さいなん》まで侵攻した。

日本との関係をみてみよう。一五九二(文禄元)年四月、豊臣秀吉《とよとみひでよし》の朝鮮侵略が始まり、五月三日、朝鮮の都漢城《ハンソン》(現ソウル)が陥落した。日本軍は朝鮮全土の征服をめざし、加藤清正《きよまさ》が朝鮮の北東に位置する咸鏡道《ハムギョンド》に進軍した。清正は咸鏡道の平定を終えてのち、八月、豆満江を越えてオランカイ(北高麗《こうらい》)に侵入した。そして、九月二十日、木下吉隆《よしたか》(秀吉側近)宛に、オランカイについて、(1)統一権力者がいない(昔の伊賀《いが》・甲賀《こうが》のような「一揆国之体《いっきこくのてい》」である)、(2)朝鮮人はオランカイ人を恐れている、(3)オランカイは朝鮮の二倍ほどの広さである、(4)朝鮮人とオランカイ人は人体《にんてい》が異なる、と報告を行った。これにより日本では、(1)オランカイで女真族の統一戦争が行われている、(2)オランカイと蝦夷《えぞ》はとなりあっている、という認識をもつにいたった。

一五九八(慶長三)年八月、秀吉がなくなって朝鮮侵略が終り、徳川家康《とくがわいえやす》が

▼**丁卯の胡乱**　一六二七年、後金が朝鮮を侵攻した事件。

▼**丙子の胡乱**　一六三六年、清が朝鮮に侵攻した事件。翌年、清は丁丑《ていちゅう》の和約《わやく》を結び、朝鮮を冊封した。

▼**蠣崎慶広**　一五四八〜一六一六年。松前藩の初代藩主。一五九〇(天正十八)年上洛《じょうらく》、豊臣秀吉に服属した。一五九九(慶長四)年、松前と改姓した。

▼**柳川調興**　一六〇三〜八四年。対馬藩の重臣。幕臣《ばくしん》化をはかり、藩主宗義成と争い、柳川一件を起こす。一六三五(寛永十二)年、津軽に流罪《るざい》となる。

▼**宗義成**　一六〇四〜五七年。対馬藩主。江戸時代初期の日朝通交体制の確立に尽力した。

▼**以心崇伝**　一五六九〜一六三三年。臨済宗《りんざいしゅう》僧侶。金地院《こんちいん》崇伝とも。徳川家康に仕え、幕府の外交文書を起草。『異国日記』を著わす。

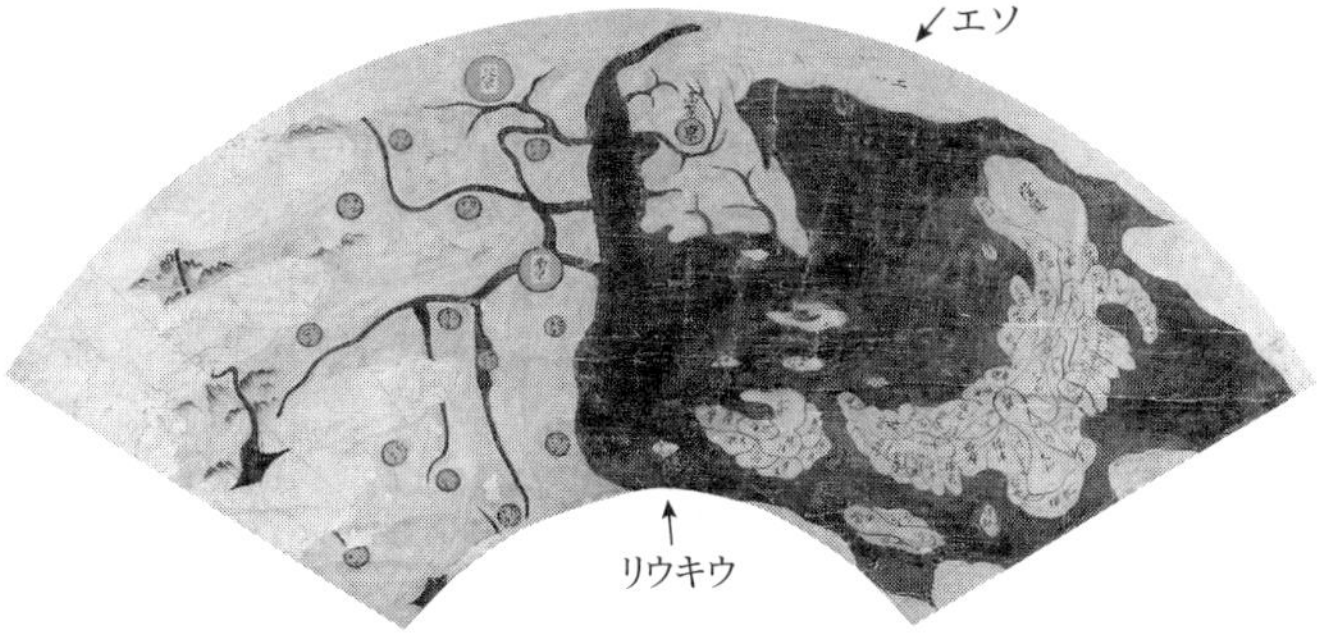

●――豊臣秀吉所持扇面地図

明・朝鮮との講和を模索した。家康は一五九九(慶長四)年十一月七日、蝦夷・松前《まつまえ》の蠣崎慶広《かきざきよしひろ》▲を大坂城に招き、蝦夷の地図を広げて「北高麗の様体」をたずねた(『新羅《しんら》之記録』)。北高麗はオランカイのことである。家康は明との講和を朝鮮の仲介で交渉する方針であったから、朝鮮の漢城から明の北京にいたる朝貢路である遼東半島が重要になってくる。そのころ、女真族が遼東進出の動きをみせていた。女真族に遼東を奪われると明との講和が困難になる恐れがあるので、オランカイのようすが気がかりで、オランカイにとなりあっていると考えられている蝦夷の蠣崎慶広を招いたのである。

徳川家光《いえみつ》は一六二一(元和七)年に後金の遼東占領を報《しら》せなかった対馬《つしま》藩の重臣柳川調興《やながわしげおき》▲を叱責した。そこで一六二七(寛永四)年の丁卯の胡乱後、対馬藩主宗義成《そうよしなり》▲は古川右馬助《うまのすけ》を朝鮮・釜山《プサン》に派遣し、同年十一月八日、幕府の外交顧問以心崇伝《いしんすうでん》▲に、後金の侵攻をこうむった朝鮮について、「今度韃靼《だったん》が朝鮮に軍兵を派遣して攻撃した。明がおいた在番茂老爺《もろうや》(毛文竜《もうぶんりゅう》)の居城、朝鮮の本陣(開城《ケソン》府)、敵陣(平壌城《ピョンヤン》)所以下の書付を披見した。和議《わぎ》が成立し、韃靼人は撤退した」と報告し、遼東について、「韃靼へは一日路の距離、遼東から家が見える」とした。薩摩藩は一六一三(慶長十八)年九月武器改《あらため》を行い、王府の鉄砲所持は禁じるが、王子衆《おうじしゅう》▲・三司官・侍衆《さむらいしゅう》の持具は許可していた。安良城盛昭氏は、「琉球王国の階級関係を維持しうる根拠」は薩摩藩が握っていたと述べる(「琉球処分論」)。

琉球から薩摩藩に差しだす人質は、このころ、上国《じょうこく》使者の派遣にかわった(深瀬公一郎「近世日琉通交関係における鹿児島琉球館」)。琉球が日本に派遣した使者を記録した『大和江御使者記《やまとえおししゃき》』(東京大学史料編纂所蔵)によると、一六一一(慶長十六)年に尚寧《しょうねい》の帰国と入れ替わりに国質《くにじち》▲の派遣が始まった。一六一四(慶長十九)年に十年質(詰《づめ》)となり佐敷《さしき》王子朝昌《ちょうしょう》(尚豊《しょうほう》)が薩摩に赴いた(上国という)が、一六(元和二)年冬、摂政《せっせい》▲に任命され帰国した。一六二六(寛永三)年に国質が復活し、東風平《こちんだ》按司《あじ》▲朝易《ちょうえき》が上国して二八(同五)年に帰国した。

国質とは別に、琉球は一六一三年から、年頭使《ねんとうし》を薩摩藩に派遣した。年頭使は尚豊が即位した一六二二(元和八)年に定例化した。一六四二(寛永十九)年三司官宜野湾《ぎのわん》親方《うぇーかた》▲正成《しょうせい》が年頭使として上国し、三司官三年詰が始まった。一六四六(正保三)年、三司官国頭《くにがみ》親方朝季《ちょうき》が、年頭使兼三年詰として上国したが、

▼**王子衆**　首里王府の最高の位階である王子をあたえられた人びと。

▼**国質**　琉球が薩摩藩に送った人質のこと。

▼**摂政**　国王を補佐した。古琉球の国相(王相)に相当する。一五八九(天正十七)年に尚寧が弟尚宏《しょうこう》を任命し、その死後、一六一一(慶長十六)年、僧の西来院菊隠《さいらいいんきくいん》を任命してから常置の職となる。

▼**按司**　首里王府の位階。王子の次席。

▼**親方**　首里王府の位階。王子・按司につぐ。

翌年、琉球は三司官三年詰の免除を薩摩藩に要求し認められた。一六四八（慶安元）年から三司官にかわって年頭使が鹿児島に詰めた。年頭使は一六六七（寛文七）年以降親方クラスの者が派遣され、在番親方と呼ばれた。

琉球では地下《じげ》旅・大和《やまと》旅・唐《とう》旅と呼ばれる旅役▲を務めることが、家臣《かしん》の国王に対する奉公だった。家臣は務めた旅数によって位階《いかい》（帕《はちまき》の制）が上がり、知《ち》行《ぎょう》があたえられた。琉球は旅役をテコに家臣団編成を行った。真栄平房昭氏はこうした主従関係の編成方法を「旅役」知行制と呼んでいる（「琉球における家臣団編成と貿易構造―『旅役』知行制の分析―」）。『大和江御使者記』は、嘉靖《かせい》年間（一五二二〜六六年）から琉球処分期の一八七六（明治九）年にいたる、琉球から日本に派遣された上国使者を記録している。紋船使《あやふねし》▲・年頭使・香典《こうでん》使・慶賀《けいが》使・謝恩《しゃおん》使・唐之首尾御使者《とうのしゅびおししゃ》▲・藩主家督祝い・国王継目礼、その他さまざまな使者が幕府・薩摩藩に派遣されている（山田哲史「上国使者一覧―中山世譜付巻による分類・整理―」）。その数は約一〇〇〇回を数える。琉球から薩摩藩へは古琉球▲時代の紋船にかわって楷船《かいせん》と呼ばれる官船が派遣された。

鹿児島におかれた琉球の出先機関は琉球仮屋《かりや》（一七八四〈天明四〉年に琉球館と改

▼**旅役**　地下旅は琉球国内を、大和旅は幕府・薩摩藩に、唐旅は中国に使いする役。

▼**紋船使**　琉球国王が薩摩・島津氏に派遣した使者。一四八一（文明十三）年に始まり、一六一一（慶長十六）年に終った。

▼**唐之首尾御使者**　琉球から薩摩に中国情勢を報告した使者。北京に派遣された進貢使の正使が務めた。琉球が薩摩に対しその存在感をアピールする重要な拠《よ》りどころであった。

▼**古琉球**　琉球・沖縄史の時代区分で、一六〇九（慶長十四）年の薩摩侵入以前の琉球をいう。

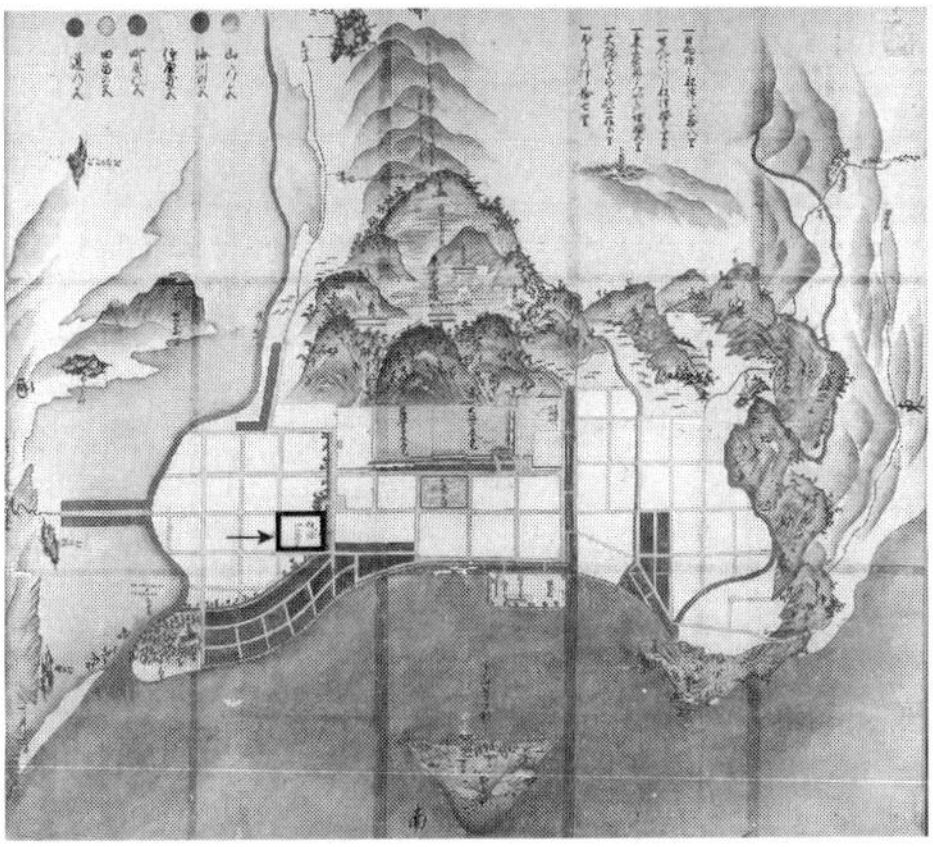

●―琉球証人屋敷（一六七〇〈寛文十〉年ごろの「薩藩御城下絵図」）　□部分。

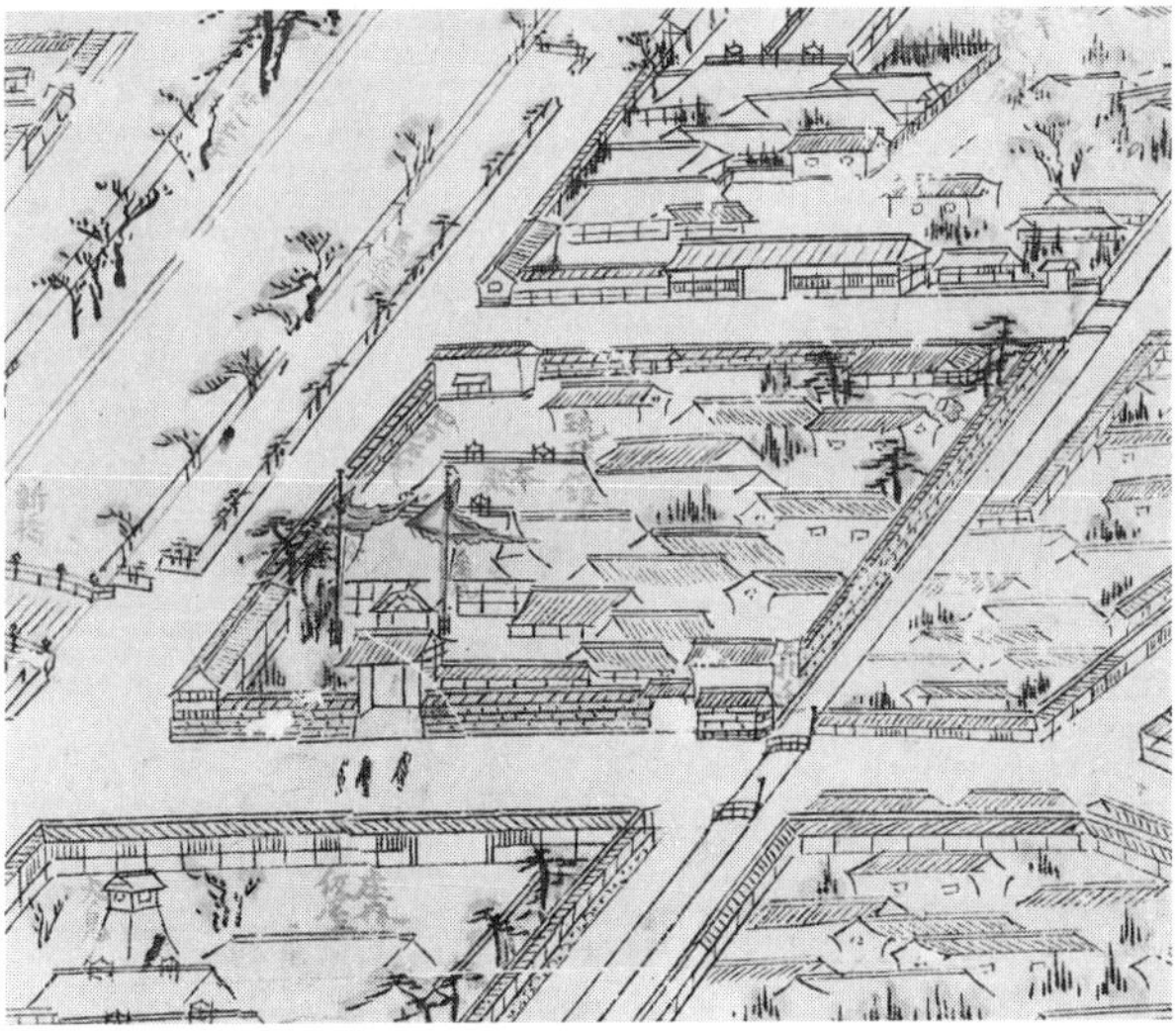

●―琉球館

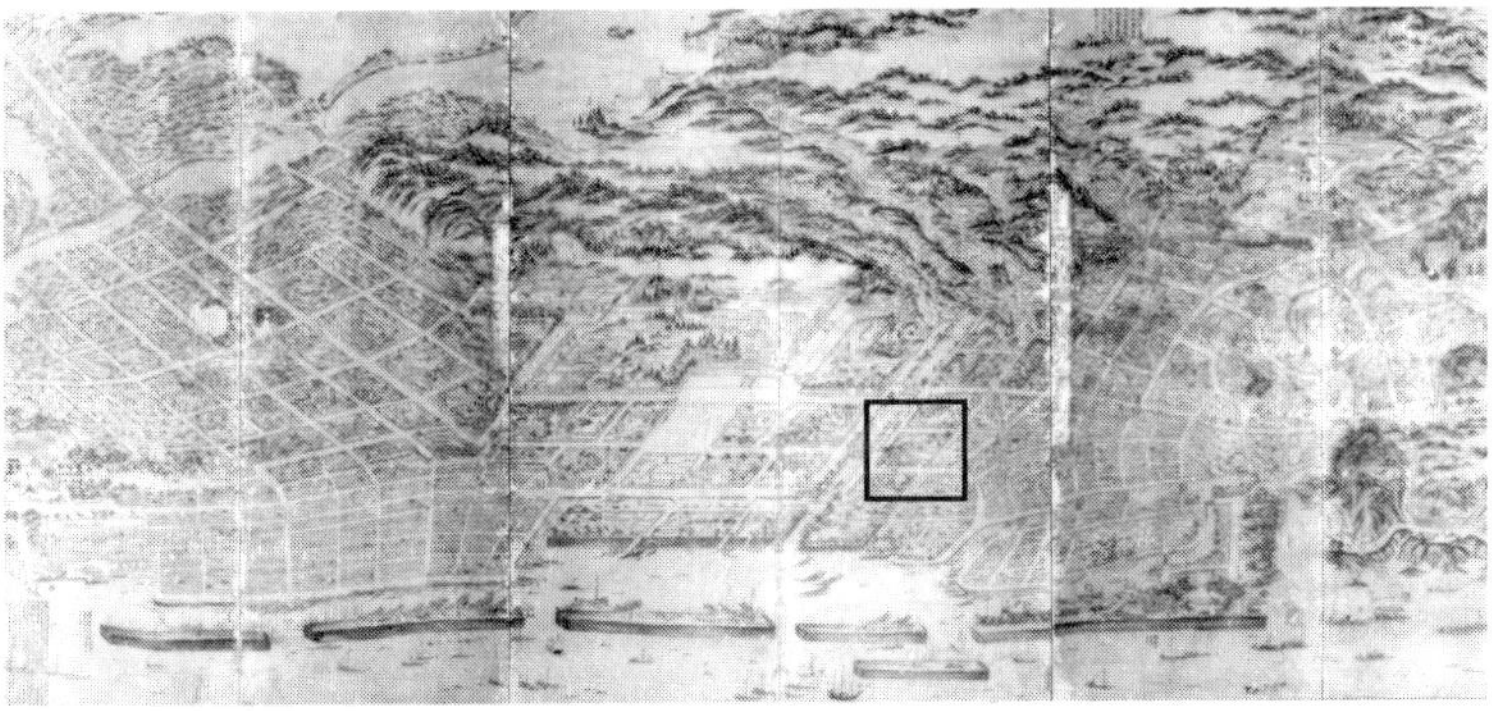

●―「天保年間鹿児島城下絵図」　上は拡大図。

楷船

琉球館跡碑

称される）と呼ばれた。一六三六（寛永十三）年の「薩州鹿児島衆中屋敷御検地帳」に、鹿児島城下に「下屋敷一反九畝六分　琉球仮屋」があった。約三三〇坪の面積である。一六七〇（寛文十）年ごろの「薩藩御城下絵図」に、鹿児島城下の南に琉球証人屋敷があるが、これは人質派遣時代の琉球仮屋の別称であろうといわれる。一六九六（元禄九）年に鹿児島城下の大火事で琉球仮屋も焼失したが、そのころは城下の北に移転していた。現在、鹿児島市立長田中学校の校庭の隅に琉球館跡を示す「石碑」が建っている。

深瀬公一郎氏によると、琉球館の敷地面積は、幕末期に三五九九坪であった。正門の両側には琉球館のシンボルともいうべき旗が立てられ、正門横には高札《こうさつ》場《ば》が、正門をはいって正面に本殿があり、ここは王府役人の職務所兼薩摩商人との交易所、薩摩藩の役人を迎える接待所でもあった。館内には琉球の人びとが生活する宿舎のほかに、海上交通の安全を祈願するために弁財天をまつった水雲庵などがあり、居留地としての施設が整備されていた。

『三国名勝《さんごくめいしょう》図会《ずえ》』上巻（一八四三〈天保十四〉年）によると、琉球館は「本藩の兼《けん》領《りょう》琉球国述職《じゅつしょく》の第館《ていかん》である。その国の官人が、王にかわって交番述職」すると

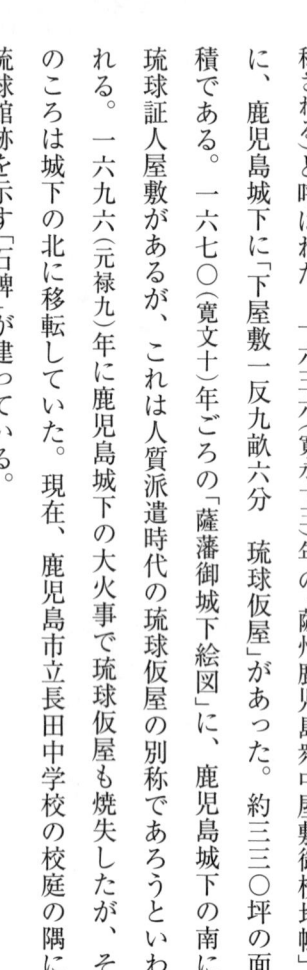

●——呉三桂像

▼林鵞峯　一六一八～八〇年。儒者、父羅山《らざん》に従って幕府に出仕。『本朝通鑑《ほんちょうつがん》』の編集に従事した。

ころであった。在番親方が国王の名代である。そのほか在番与力《よりき》、蔵役《くらやく》、書役、重《かさみ》書役《かきやく》が在勤した。薩摩藩からは琉球仮屋守《もり》（一七八四年に琉球館聞役《ききやく》と改称される）が派遣された。

薩摩藩は一六三一（寛永八）年以来琉球在番奉行を通じて琉球を支配してきたが、十七世紀後半以降、在番親方が琉球仮屋で薩摩藩と折衝した。

琉球仮屋（琉球館）
薩摩藩：琉球方（掛）――〔在番親方・琉球仮屋守（琉球館聞役）〕――三司官：琉球

三藩の乱と琉球

一六七三年十二月、中国で呉三桂が「滅清復明」を掲げて反乱を起こした（三《さん》藩《ぱん》の乱）。三藩とは雲南《うんなん》の平西王《へいせいおう》呉三桂、広東の平南王《へいなんおう》尚之信《しょうししん》、福建の平靖王《へいせいおう》耿精忠《こうせいちゅう》、のことである。

翌年六月、幕府の儒官《じゅかん》林鵞峯《はやしがほう》▲が、長崎に来航する中国船が提出する「唐船風説書《とうせんふうせつがき》」を集成して『華夷変態《かいへんたい》』と題し、清の滅亡・明の再興を期待する序を記した。林鵞峯のあとは林鳳岡《ほうこう》が『華夷変態』の編集を引き継ぎ、一六七四～一七二八（延宝二〜享保十三）年の「唐船風説書」約二五〇〇通を収録した。幕府は三藩の乱を契機に本格的に海外情報の収集に取り組んでいった。

琉球からは二年に一回進貢使《しんこうし》が北京に派遣され、皇帝に拝謁して表《ひょう》（国書）・方物《ほうぶつ》（土産）を捧呈して帰国する。進貢使は北京から琉球に帰国すると、「ミおや《（御親》たいり《内裏）》御双紙《おそうし》」と呼ばれる報告書を提出し、それを那覇里主《さとぬし》・久米村《くめむら》長史《ちょうし》が首《しゅ》里《り》城にもちのぼり、下庫理当《したくりあたい》の取次ぎで国王の上覧に供した。しかるのちに首里城よりもちくだり、琉球在番奉行にみせた（小野まさ子・里井洋一・豊見山和行・真栄平房昭「『内務省文書』とその紹介」）。続いて進貢使は薩摩に派遣され、中国情勢を報告した。これが唐之首尾御使者《とうのしゅびおししゃ》である（真栄平房昭「近世日本における海外情報と琉球の位置」）。一六七八（延宝六）年に制度化され、一八七〇（明治三）年まで続いた。「唐船風説書」は中国人が地方で知りえた民間情報であるが、唐之首尾御使者は進貢使としてみずから中国で見聞した中国情報をもたらした。

一六八〇（延宝八）年八月、徳川綱吉《とくがわつなよし》が五代将軍に襲職した。将軍代替わり時に大名《だいみょう》は幕府に起請文《きしょうもん》を提出することになっていた。島津光久《しまづみつひさ》は一六八一（天和元）年五月二十五日、幕府に起請文を提出したが、それまでの起請文と異なり、つぎのような「付《つけたり》」文言が付されていた（追録一—一八〇六号）。

一御代替わりに就き、いよいよ公儀《こうぎ》を重んじ、お仕置《しおき》など粗略に存じ奉らず相守るべきこと、

付、琉球国の儀、仕置に背き邪儀を企て候と雖も荷担仕《つかまつ》るまじきこと、

すなわち、琉球が日本の仕置に背き「邪儀」を企てても薩摩藩は荷担しない、と誓約したのである。これは琉球が単独で日本の仕置に背くというより、清の後ろ盾を得て背くことが警戒されたものと思われる。同様の「付」文言は一七〇九（宝永六）年、一八五九（安政六）年の島津氏の起請文にもみられる。

清に対する警戒は、清の本貫地を「北高麗」と呼んでいることにもあらわれている。朝鮮より北の、かつてオランカイ（韃靼）と呼んでいた地域を、一六四六（正保三）年に成立した松前《まつまえ》氏の家譜『新羅《しんら》之記録』は「北高麗」と呼んでいる。北高麗は、一六三六（寛永十三）年に朝鮮を服属させ、四四年以降中国征服を進めている女真族の清に対する警戒心をあらわした呼称である。一六六九（寛文九）年七月、蝦夷地《えぞち》でシャクシャインの戦い▲が起こったとき、幕府の老中《ろうじゅう》は、「アイヌが韃靼人の加勢を得て松前を攻撃して来る」のではないかと心配しているが、

▼**シャクシャインの戦い**　一六六九（寛文九）年、松前藩側の交易をめぐる不当な行為に対し、シャクシャインがアイヌを糾合して抵抗した戦い。シャクシャインが松前藩に謀殺され、戦いは終った。戦後、松前藩の商場《あきないば》知行制が確立した。

陀通詞▲のほかに東京通詞、暹羅通詞、呂宋通詞、モウル通詞、が存在していた。東京通詞はベトナム語、暹羅通詞はタイ語、呂宋通詞はフィリピンのルソンの言葉、モウル通詞はイスラム語の通訳である。イスラム商人は暹羅船に乗船して長崎に来航した（中村質「近世における日本・中国・東南アジア間の三角貿易とムスリム」）。

ところが、奥船の断絶は正徳新例が原因ではなかった。『唐船進港回棹録《かいとうろく》』（四五ページの表「唐船の来航」）によると、一七一五〜三三（正徳五〜享保十八）年のあいだに広南船・暹羅船・咬𠺕吧船が長崎に来航している。理由は別のところにあった。一七二二年に来航した二番暹羅船の信牌は、本来の持ち主である郭奕《かくえき》周《しゅう》が、本国暹羅において首尾よろしくなく、財副《ツァイフウ》▲の陳崑山《ちんこんさん》が船頭となって渡海したところ、洋中で難風にあい中国浙江省温州《せっこうしょうおんしゅう》に漂着した。清は近年中国船の海外渡航を禁じていたので、陳崑山船は温州に拘留され詮議のため日本に渡海できなくなった。そのため、その信牌で別の船を仕立てて今度陳煥卿《ちんかんきょう》が渡海したというのである（「信牌方記録」）。一七一七（享保二）年に清が海禁▲政策を実施し、中国船の東南アジアへの渡航を禁じたことが、奥船が長崎に来航しなくなった真の理由であった。

▼**財副**　会計責任者のこと。琉球では才府という。才府は唐物買付けの役目をもつ。

▼**一七一七年の海禁**　東南アジアへの渡航を禁止した。一〇年後解除された。日本への渡航は、日本産の銅を輸入するため認められた。

③ 薩琉中貿易

薩摩藩の進貢貿易の管理

薩摩《さつま》藩は一六一一(慶長十六)年に「掟《おきて》十五カ条」を定め、中国での買物を薩摩の注文品だけに限り、琉球《りゅうきゅう》の進貢貿易を薩摩藩の管理下におくことを明言した。あわせて、薩摩から印判《いんぱん》▲(琉球渡海朱印状《しゅいんじょう》)を携行しない商人に貿易を許可してはならない、琉球から薩摩藩以外の他国に商船を一切派遣してはいけない、と薩琉間の商船・商人の往来にも制限を加えた。

一六三一(寛永八)年には川上忠通《ただみち》を琉球在番奉行《ぶぎょう》として那覇《なは》に派遣し、翌年四月、今後は薩摩藩から渡唐銀《とうぎん》を渡すことを川上・菱刈重栄《ひしかりしげひで》から三司官《さんしかん》に申し入れ、その後冠船《かんせん》奉行▲新納忠清《にいろただきよ》・最上義時《もがみよしとき》から、「以前は国王の船に差荷のごとく薩摩の御物銀《おものぎん》を遣わしていた。船の準備、中国での礼銀・加古《かこ》(水主)賃・飯米ならびに薩摩へ生糸《きいと》を輸送する費用などまで、これまでは琉球の負担であったが、今後は薩摩からも経費を計算して支払う」と、これまで進貢貿易の費用一切は琉球が負担してきたが、今後は薩摩も応分に負担すると申し入れさせた(後編

▼**印判**　琉球は、一五五九(永禄二)年までに、島津氏の印判による日本商船の統制に合意している。

▼**冠船奉行**　冠船(冊封使の乗った船)、すなわち冊封使来琉に際し薩摩藩が琉球に派遣した役人。一六三一(寛永八)年、冠船来琉に備えて新納忠清・最上義時が琉球に派遣されたのが始まり。

五―五〇七号)。また、この年薩摩藩は、「来春唐口《とうくち》(福《ふく》州)の商売ができなくなる」と述べているから、一六三三(寛永十)年に予定された尚豊《しょうほう》の冊封《さくほう》を視野にいれた進貢貿易への参画であったといえる。

八月二十七日、新納忠清・最上義時は、琉球に、薩摩藩の借銀七〇〇〇貫目の返済にとって琉球と明《みん》の貿易が重要である旨を述べ、二年に一度の進貢、毎年の年頭お礼・誕生祝言のための渡唐について明側との交渉を命じた。

一六三三年六月、冊封使杜三策《とさんさく》が来琉し、尚豊を琉球国中山王《ちゅうざんおう》に冊封した。この年、琉明関係が正常化し、琉球は二年一貢を許され、朝貢船もふやされて二艘となった。翌年三月、薩摩藩は、船頭らが他国人を琉球に渡航させること、幕府が承知していない日本人が琉球に家をもち長期逗留することを禁止した。琉球は幕府の海禁政策の対象下にあったのである。

一六三九(寛永十六)年七月、幕府はポルトガル船の来航を禁止した。だがそのことは、これまでポルトガル船が舶載していた唐物▲をいかに確保するかという問題を招くことであった。そこで幕府は対馬《つしま》・薩摩口からの輸入を考えた。長崎奉行▲大河内正勝《おおこうちまさかつ》・馬場利重《ばばとししげ》は島津光久《しまづみつひさ》に、琉球口より糸・巻物・薬種など

▼**唐物**　中国からの舶来物。生糸・絹織物・薬種その他がもたらされた。

▼**長崎奉行**　長崎の行政、外国貿易の管理、キリスト教の取締り、西国大名の監察などを行った。

を輸入するよう命じた。琉球口は長崎口、対馬口とならんで日中間の貿易ルートに位置づけられていた。

渡唐銀の制限

薩琉中貿易は次ページの表のような展開過程をたどった(崎原貢「渡唐銀と薩琉中貿易」)。

薩摩藩独占時代の一六六六(寛文六)年以降、琉球が貿易に参加してくる。同年、首里《しゅり》王府は薩摩藩に対し、一六六三(寛文三)年の冊封使来琉による費用や渡唐貿易費用および六〇(万治三)年に焼失した首里城の再建費用など王府財政の窮乏について述べ、進貢貿易の資金として薩摩藩より銀五〇貫目を借銀し、それを元手にえた唐物を鹿児島で売却して五年間で元利返済することを申し入れ、琉球館に財務専門の蔵役《くらやく》がはじめて設置された。琉球館は鹿児島城下における琉球の貿易拠点になった(深瀬公一郎「近世日琉通交関係における鹿児島琉球館」)。

一六七八(延宝六)年には進貢使が北京《ペキン》から福州に戻るのを待って、琉球に帰国させる接貢船の派遣が始まった。したがって、毎年、琉球から中国へ貿易船

●—薩琉中貿易の時代区分

時　　代	特徴および小区分
薩藩独占時代 (1609〈慶長14〉~86〈貞享3〉)	薩摩藩の独占，渡唐銀無定額・最高銀約1200貫 A. 1609~30〈寛永7〉　消極的，貢期制限 B. 1631〈寛永8〉~65〈寛文5〉　積極的，貢期復旧 C. 1666〈寛文6〉~86〈貞享3〉　琉球参加
薩琉共同出資時代 (1687〈貞享4〉~1829〈文政12〉)	幕府による渡唐銀定額の決定と削減，薩琉五分五分の出資，18世紀半ばごろからの薩摩藩の消極化と琉球王府の積極化 A. 1687~1715〈正徳5〉　804貫 B. 1716〈享保元〉以降　　604貫 ただし，琉球王府による実際額はつねに約1000貫と推定
薩藩再独占時代 (1830〈天保元〉~69〈明治2〉)	天保の財政改革，調所広郷の琉球館聞役就任

崎原貢「渡唐銀と薩琉中貿易」(『日本歴史』第323号，1975年)による。一部読みやすくするため書き改めた。

●—「琉球貿易図屏風」

●―進貢船模型

が渡航することになった。

一六八五(貞享二)年に幕府が定高《さだめだか》仕法《しほう》を定め、中国・オランダ船の貿易額を制限したことは前述した。それに続いて今度は、対馬藩の朝鮮貿易、薩琉中貿易にも制限を加えた。一六八六(貞享三)年八月、対馬藩の朝鮮貿易は銀一〇八〇貫目に制限された。同年七月には薩摩藩に、一六八三(天和三)年以降三カ年分の「琉球より唐買物品々」「銀高」および「琉球より薩摩へ送った商買物の員数・銀高、薩摩より琉球へ送った品ならびに銀高」、すなわち薩琉中間の貿易品ならびに銀高の報告を命じた。十二月一日、薩摩藩は幕府に「琉球より薩摩へ送った売物金高、一年分、三千両余」と報告し、同十五日、幕府は琉球と薩摩の貿易を一〇〇〇両削減して金二〇〇〇両に制限した。

つぎに一六八七(貞享四)年、琉球から中国に持ち渡る渡唐銀が制限された。九月七日、薩摩藩は幕府に一六八二、八三、八四(天和二、三、貞享元)年の三カ年の渡唐銀高を銀八七六貫目(金にして一万四六〇〇両)、銀四二六貫目(同七一〇〇両)、銀八八七貫目(同一万四七八三両余)と報告した。一六八二、八四年は進貢の年にあたり進貢料銀の平均は銀八八二貫目(同一万四六九二両)であった。

一六八三年は接貢の年で接貢料銀は進貢料銀の半額だった。薩摩藩は十月十六日、幕府に、金一万四六〇〇両のうち一二〇〇両減らし一万三四〇〇両、銀にして八〇四貫目に削減することを申しでた。接貢料銀は半額の四〇二貫目に決まった(「列朝制度」一二三八、一二四一、一二四四号)。

一六八六年、長崎に中国船が一〇二艘来航した。そのため、長崎で琉球買渡し唐物の販売が停滞した。事態を重視した薩摩藩は、一六八八(元禄元)年一月、長崎奉行を通じて幕府に、琉球口よりの唐物を上方に問屋を立てて売却することを請願し、京都に問屋の設置を許された。翌年八月、呉服商原善兵衛店《はらぜんべえだな》が琉球輸入唐物定《じょう》問屋に指定された。これまで上方《かみがた》・長崎において自由に販売されてきた琉球買渡し唐物は、幕府の規制をこうむることになった。

一六九五(元禄八)年八月、幕府は金銀貨の改鋳を行った。勘定《かんじょう》奉行荻原重秀《おぎわらしげひで》の元禄改鋳《げんろくかいちゅう》である。これ以降のたび重なる貨幣改鋳によって、銀貨の品位が著しく低下していった。すなわち、慶長銀《けいちょうぎん》(一六〇一〈慶長六〉年)は銀の含有率が八〇%だったが、元禄《げんろく》銀(一六九五年)六四%、宝永《ほうえい》銀(一七〇六〈宝永三〉年)五〇%、永字《えいじ》銀(一七一〇〈宝永七〉年)四〇%、三宝《みつほう》銀(同)三二%、四宝《よつほう》銀(一七一一えるよう琉球側に命じた（追録二―二八六一号）。つまり、いかにも清に朝貢する琉球からの外交使節であるという演出効果を狙ったのである。

一七一〇（宝永七）年十一月十八日、徳川家宣の将軍襲職を祝う慶賀使美里王《みさとおう》子《じ》朝禎《ちょうてい》と、尚益《しょうえき》の就封を謝す謝恩使豊見城《とみぐすく》王子朝匡《ちょうきょう》が聘礼を行った。尚貞《しょうてい》が一七〇九年七月十三日になくなり、翌年尚益が即位したので、琉球は謝恩使もあわせて派遣したのである。清国風の装いのほかに、使者は中国風に正使・副使と称し、国王の献上物・書簡（国書）を奉呈する進献の儀に続いて行われる奏《そう》楽《がく》の儀▲では中国音楽が演奏された（宮城栄昌『琉球使者の江戸上り』）。

今回、幕府はこれまでになく琉球使節を厚遇した。薩摩藩にいわせると、「中《ちゅう》山王《ざんおう》は、中国より代々王号を蒙り異国の国司《こくし》であるが、この方の武威《ぶい》に随《したが》う故《ゆえ》に、はるばる使者を派遣してくるのに、いいかげんに応対しては、そのことが異国に聞え、批判されるのは心許ない。そこで諸事を改め、このたび来日した両使に対し、先例にない結構な応対を命じられたのである」と述べている（「列朝制度」七八九号）。これは一七一一（正徳元）年に通信使を派遣してくる朝鮮を意識した措置であったと考えられる。

▼**奏楽の儀**　琉球使節が江戸城の将軍の御前《ごぜん》で音楽を奏すること。一七一〇（宝永七）年以降、琉球音楽以外に中国音楽が演奏された。

●—島津氏の官位昇進　　数字は昇進年

従三位	中納言1626				
正四位上					
正四位下	参議兼中将1617 少将1599				中将1714
従四位上		中将1673 少将1651		中将1695	中将1710
従四位下		侍従1631	侍従1651	少将1687 侍従1667	少将1704 侍従1689
	初代家久	2代光久	綱久	3代綱貴	4代吉貴

琉球を厚遇する一方で、幕府は一七一〇(宝永七)年十一月二十三日付の中山王宛の返書に、「賢藩相続を告げるために、とくに使臣豊見城王子を遣わして方物を献上し、誠意を示された」と述べ、琉球を藩国、すなわち朝貢させる国とみなした(『通航一覧』一)。

一七一〇年の琉球使節に際し、薩摩藩主島津吉貴《しまづよしたか》は官位が従四位下《じゅしいのげ》少将から従四位上《じょう》中将に昇進した。島津氏は琉球を征服した家久が従三位・中納言まで昇進したが、以後の当主は上表のように従四位上・中将が官位昇進の限界すなわち極位・極官であった。そのため島津氏は、それまで「気任之色《きままのいろ》」をみせなかった琉球が、官位の低下をみて島津家の威信も弱くなったと思っているのではないか、と前々から気付いている旨を述べ、官位昇進を要求していた。吉貴は一七一四(正徳四)年にも、位階《いかい》が一つあがり正四位下に昇進した。以後、琉球使節の江戸上りごとに島津氏は官位昇進し、幕藩領主のなかで高い家格を維持した(紙屋敦之「幕藩制下における琉球の位置—幕・薩・琉三者の権力関係—」)。

薩摩藩は一六三五(寛永十二)年以来、琉球国王を琉球国司と名乗らせてきたが、一七一二(正徳二)年六月、琉球国司から中山王への復号を許した。その理

▼将軍＝国王　徳川綱吉が「憲王」、家宣が「文王」、家継が「章王」と呼ばれている（『三王外記』）。

由は、琉球にはもともと王爵があったからというだけで詳細は不明である。この復号の前に、新井白石が一七一〇年四月日本国大君《たいくん》から日本国王への復号を建言し、翌年来日した朝鮮通信使は徳川家宣を日本国王と称する国書をもたらした。この二つの復号はこれまで別々に論じられてきたが、一体のものとして理解するべきである。

日本国王への復号は、江戸時代の国王が天皇・将軍の二人であったことを考えると、天皇と国王を分離する、つまり、将軍を唯一の国王▲に位置づけることを意味する。それは、将軍（日本国王）と朝鮮国王を敵礼《てきれい》の関係すなわち対等な関係に位置づけるものであった。中山王が藩国の関係におかれたことは前述した。

一七一四年の江戸上りのとき、幕府は琉球国王の書簡を問題にした。一六四三（寛永二十）年に国王書簡は和文体で書かれていたが、一六八一（天和元）年以降、漢文体に変わった。一七一四年十二月、幕府は琉球側に、⑴中山王より一位様（将軍夫人）への進上物目録ならびに箱書付などに真字《まじ》（漢字）を用いているが、今後は平仮名を用いること、⑵老中への披露状に「貴国《きこく》」「大君」「台聴《だいちょう》」の文

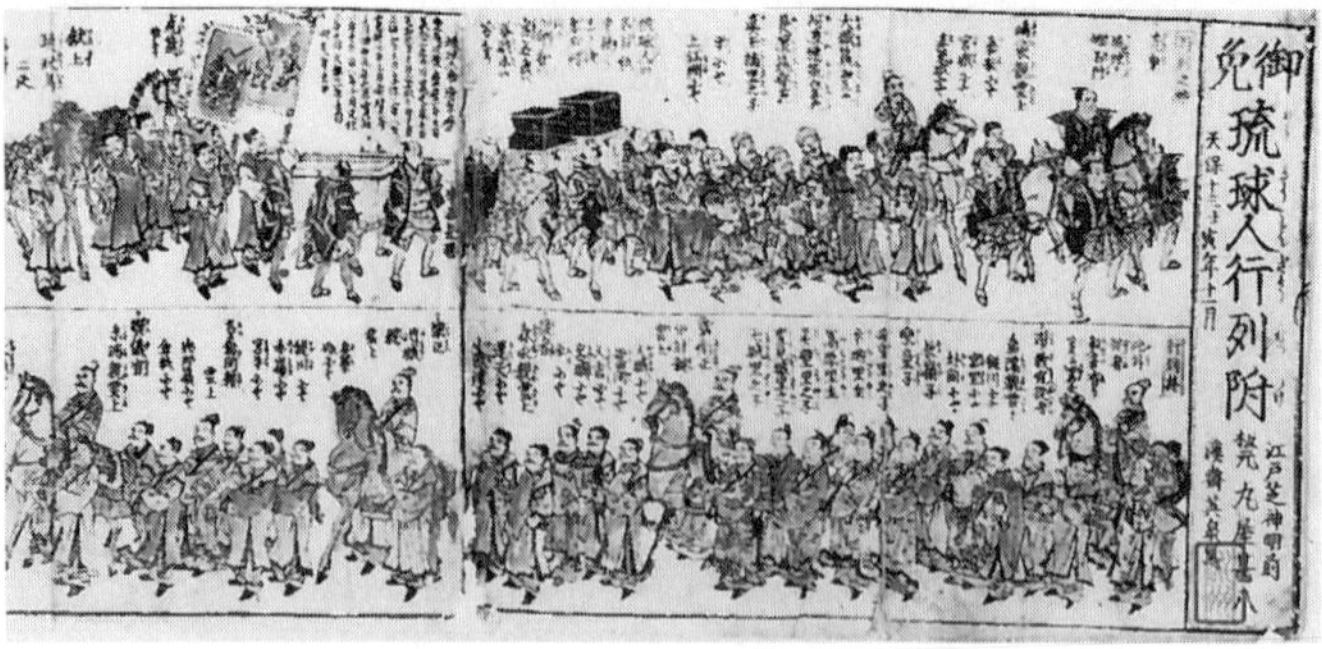

●──琉球使節の江戸上り(一八四二〈天保十三〉年)

言を使用することを禁じた。琉球国王の書簡は、老中に宛てて、老中が将軍に披露する形式がとられた。琉球国王は老中と敵礼の関係にあったからである。

これに対し薩摩藩は翌年一月、以後、琉球国王の書簡には漢語を用いず、前々より用いてきた小竪文《しょうたてぶみ》▲に和文で作成し、もちろん目録などまで日本通用の書式にさせると、幕府に答えた。幕府は琉中関係を琉球使節の観点から重視するが、一方で琉球に日本の支配下にあることを自覚させる必要があった。和文体の書簡はその象徴である。

琉球使節に関わる幕府・薩摩藩の利点は以上述べたとおりであるが、琉球はどうだったか。

薩摩藩が清国風の装いを強制したことについて、『那覇市史』は、「使節団にことさら大和風(日本風俗)を禁じ、服装や言葉、立居振舞《たちいふるまい》に至るまで異国風(中国風)を強制した。このような薩摩の長期にわたる差別政策の結果、日本本土の人々の琉球(沖縄)に対する偏見、異民族観が助長されるに至ったのである」(『那覇市史　資料篇』第一巻二)と評価する。しかし、この評価は正しくない。というのは、そもそも江戸時代の琉球は異国であり、日本人にとって琉球人は異

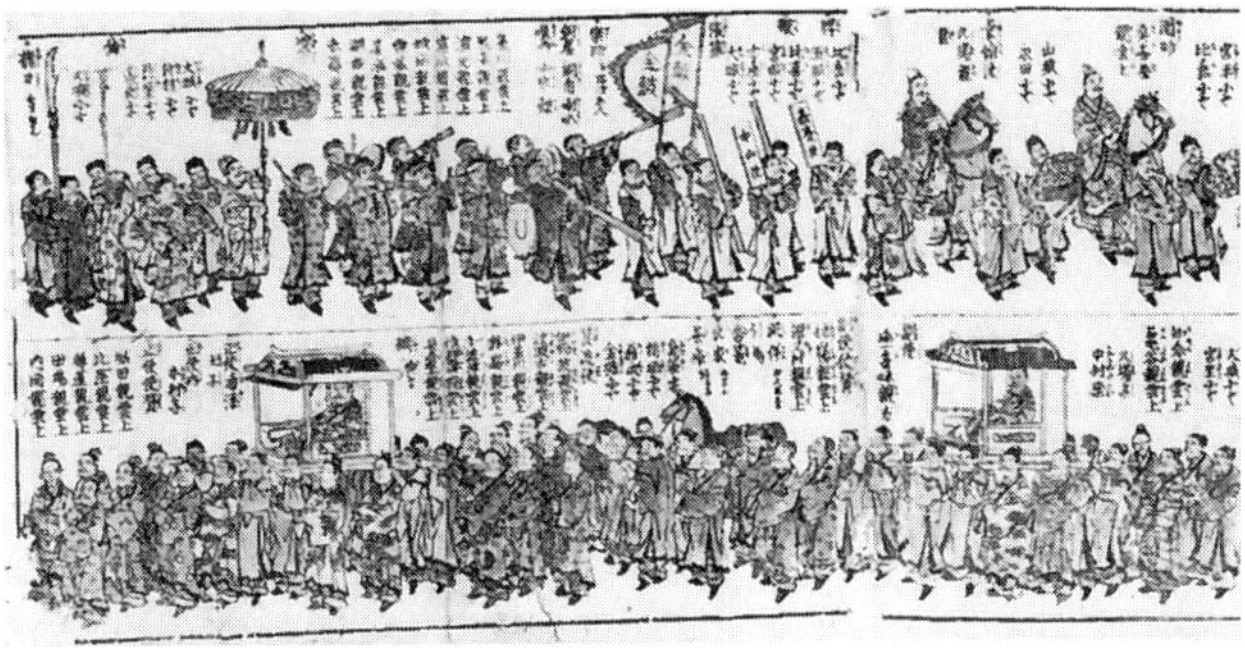

▼竪文　立紙に書いた書状。立紙は一枚の紙を折らず横長のままたてに用いた紙。

国人だったからである。薩摩藩の狙いは琉球が中国に朝貢する国であることを演出することにあった。琉球は薩摩藩から強制された清国風の装いを逆手にとって日本に対して主体性を維持したのである。

一八四八(嘉永元)年に即位した尚泰《しょうたい》が翌年、江戸上りする謝恩使(玉川王子朝《ちょう》達《たつ》・野村親方《うえーかた》朝宜《ちょうぎ》)に対し、「総じて立居歩行の挙動、かつまた食事の喰いようなどまで、日本式でなく、唐風めくように嗜《たしな》むべきである」(眞境名安興『沖縄一千年史』)と指示していることが、そのことを裏づけている。たしかに最初は薩摩藩から強制された清国風の装いだったが、それを琉球はみずからの政策として実行していったのである。

朝鮮通信使は一七六四(明和元)年を最後に江戸での聘礼が終った。次回、一八一一(文化八)年は対馬《つしま》易地《えきち》聘礼に変わった。幕府は大名に接待役・乗馬役を、農民に人馬役を賦課して大君外交を展開してきたから、朝鮮通信使が江戸まで往来しなくなると、その肩代わりが必要になってくる。幕府はそれを琉球使節に求めた。幕府は薩摩藩に一七九六(寛政八)年以降、琉球使節を名目にした拝借金を許し、一八三二(天保三)年以降、東海道《とうかいどう》沿いの近江《おうみ》・美濃《みの》・三河《みかわ》・遠《とお》江《とうみ》・駿河《するが》・伊豆《いず》・相模《さがみ》・武蔵《むさし》八カ国の幕領・私領に国役金《くにやくきん》(一〇〇石につき永二五〇文)を課した。一八四九(嘉永二)年、薩摩藩は琉球に翌年の謝恩使派遣のため銀八〇〇貫目、五三(同六)年には五六(安政三)年の慶賀使派遣のため銀一〇八〇貫目の拝借を許し、琉球使節の実現につとめた(『大和江御使者記』)。

一八五〇(嘉永三)年の謝恩使が事実上最後になった。だが、その後も十三代家定《いえさだ》、十四代家茂《いえもち》、十五代慶喜《よしのぶ》が将軍に襲職している。家定、家茂に対しては慶賀使が派遣されたが、中途で「国事多端▲」を理由に中止された(紙屋敦之「琉球使節の最後に関する一考察」)。慶喜のときは、薩摩藩は薩長同盟《さっちょうどうめい》▲(一八六六〈慶応二〉年)を結び倒幕の方針を鮮明にしていたので、計画されなかったと思われる。

幕府は中国の朝貢国である琉球からの外交使節を迎えることにより、東アジアにおいて日本の「御威光」を高めようとした。薩摩藩は琉球使節の江戸上りをテコに官位昇進を果たし、琉球支配の安定化をはかり、また幕藩領主のあいだで他に優越した地位を確保した。琉球は琉球使節に清国風の装いをさせることにより、幕藩体制下にあってみずからの主体性を維持しえた。一七一〇年に、琉球使節をめぐって、幕府・薩摩藩・琉球三者のあいだにかかる関係が成立し

▼**国事多端**　十三代家定のときは将軍継嗣問題・条約勅許問題、十四代家茂のときは桜田門外《さくらだもんがい》の変《へん》があげられる。

▼**薩長同盟**　一八六六(慶応二)年、坂本竜馬《さかもとりょうま》が薩摩・長州《ちょうしゅう》両藩を斡旋して成立。倒幕をめざした。

たのである。

進貢使の北京上京

琉球は二年に一回北京に進貢使を派遣し、皇帝に表文《ひょうぶん》▲・方物《ほうぶつ》を献上した。進貢使一行は正使（耳目官《じもくかん》）・副使（正議大夫《せいぎたゆう》）のほかに、都通事《とつうじ》・才府使《さいふし》・官舎使《かんしゃし》・在船《ざいせん》都通事・在留《ざいりゅう》通事・北京大筆帖《だいひっちょう》・福建大筆帖・福建小筆帖・正使使賛《しさん》・管《かん》船直庫《せんちょくこ》・総管《そうかん》・北京総管・水梢《すいしょう》幷《ならびに》跟伴《こんばん》など二〇〇人程である。二艘の船に分乗して那覇を発《た》ち、福州《ふくしゅう》の定海《ていかい》（日和《ひより》によって五虎《ごこ》）に着岸する。携行した執《しっ》照《しょう》（渡航証明書）をみせ、琉球からの進貢船である確認を受けて福州の琉球館▲にはいる。同地で、中山王より福建布政使司《ふっけんふせいしし》▲宛の咨文《しぶん》▲を提出する。福州から北京に進貢使の到着を報《しら》せ、北京からの指図しだい上京するが、北京に赴くのは正使・副使と従者二〇人余で、その他の琉球人は福州に残留する。

上京する進貢使には河口《かこう》通事（中国人の琉球語の通訳）と案内役の伴送官《はんそうかん》を中国側がつけてくれる。福州を発って浦城県《うらじょうけん》—清湖《せいこ》—杭州府《こうしゅうふ》（銭塘江《せんとうこう》—西湖《さいこ》）—蘇《そ》州府《しゅうふ》—揚州府《ようしゅうふ》—淮安府《じゅんあんふ》—張家湾《ちょうかわん》（北京内）をへて北京に到着する。福州から北

▼**表文**　中国の皇帝にたてまつる祝いの文書。

●——**柔遠駅（琉球館）扁額拓本**

▼**琉球館**　福州におかれた柔遠《じゅうおん》駅《えき》。進貢使一行が滞在した。

▼**布政使司**　中国の地方官の一つ。各省に布政使司が設けられ、財政、戸口調査、朝廷の命令の宣布、そのほか一般政務に従事した。

▼**咨文**　中国で同級の役所間でやりとりされた文書。琉球国王も中国の官僚制度に組み込まれていたから、礼部・福建布政使司とのあいだでこの文書が使用された。

●—琉朝両国使臣の接触

月　日	場　　所
(1832年)	
12. 26	鴻臚寺(演儀)
12. 29	午門外(太廟行幸)
12. 30	保和殿(年終宴)
(1833年)	
1. 1	太和殿(朝賀)
1. 4	紫光閣(宴)
1. 8	午門前(天壇行幸)
1. 15	円明園(宴)
1. 19	円明園(燈戯)

金景善『燕轅直指』(『燕行録選集』上，成均館大学校大東文化研究院, 1962年)より作成。

●—琉球の使臣が行動をともにした使臣の国

年	国　　　名
1780	朝鮮・南掌・暹羅
82	朝鮮（暹羅・安南）
84	朝鮮・暹羅
86	朝鮮
88	朝鮮・暹羅・巴勒布・安南
90	朝鮮・安南・緬甸
92	朝鮮
1800	朝鮮
18	朝鮮
22	暹羅（朝鮮）
24	朝鮮
26	朝鮮
28	朝鮮
30	暹羅
32	朝鮮（南掌・暹羅）
34	朝鮮（緬甸・暹羅）
36	朝鮮
38	朝鮮（暹羅）
42	朝鮮（廓蘭喀）
44	朝鮮
46	朝鮮
54	朝鮮

括弧内は同年ほかに朝貢した国。野口鐵郎編『中国と琉球』(開明書院, 1977年)より作成。

●—紫禁城(故宮博物院)

元)年の七〇余年間に二二回あった(一年一回の計算)。前ページ左表は、一八三二(天保三)年の冬至兼謝恩使《とうじけんしゃおんし》▲の書状官として北京に赴いた金景善《キムキョンソン》の燕行録《えんこうろく》『燕《えん》轅直指《えんちょくし》』(『燕行録選集』上)から、朝鮮の使臣が琉球の使臣と行動をともにした日時と場所を示した(紙屋敦之「北京の琉球使節」)。表中の鴻臚寺演儀《こうろじえんぎ》は、朝賀・饗宴などの儀礼を鴻臚寺(外国来賓の接待および朝貢をつかさどった役所)で練習することである。

一八〇一(享和元)年の朝鮮国王純祖《スンジョ》の冊封を感謝する謝恩使に随行した柳得《リュウトク》恭《ゴン》は『燕台録《えんたいろく》』(『燕行録選集』上)を著わしているが、この北京行きで漢詩集『並世《へいせい》集《しゅう》』を編み、琉球からは程順則《ていじゅんそく》・蔡文溥《さいぶんぷ》・馬継漢《まけいばく》・陳天龍《ちんてんりゅう》ら四人の詩を採録している。程順則と蔡文溥は久米村《くめ》▲人で、それぞれ『燕遊艸《えんゆうそう》』『四本堂集《しほんどうしゅう》』の著作がある。蔡文溥の詩は、一七一九(享保四)年の冊封使(正使海宝《かいほう》・副使徐葆光《じょほうこう》)に進呈したもの。馬継漢・陳天龍の詩は一七九二(寛政四)年一月十五日円明園で勅命によりよんだ詩である。二人とも一七九〇(寛政二)年冬の進貢正使・副使であった。

清がふたたび海禁政策を実施した一七五七(宝暦七)年前後、東南アジアを出

▼**冬至兼謝恩使**　清代、朝鮮から中国に赴く年例の使節は、冬至使と皇暦使の二回だけ、あとは謝恩・奏請など不定期。冬至使は年始を祝賀し、皇暦使は暦を請う使節。

▼**久米村**　十四世紀末、明より琉球に渡来した閩人《びんじん》三十六姓が居住した集落。閩は中国福建省のこと。

航してくる奥船が、四五（延享二）年の柬埔寨《カンボジア》船、五三（宝暦三）年の咬𠺕吧船、五六年の暹羅船、六三（同十三）年の東京《トンキン》船、六七（明和四）年の交趾《コウチ》船・広南《クイナン》船を最後に途絶え、長崎に来航する中国船は南京《ナンキン》船・寧波《ニンポー》船・厦門《アモイ》船・広東《カントン》船・台湾船の口船《くちふね》のみになり、それもやがて揚子江河口の乍浦《サホ》船▲に収斂していった。この結果、中国船がもたらす海外情報が減少していったことが考えられる。

　進貢使は北京で諸外国の使臣と交流の機会があったので、その機会を利用して各国情勢を知りうる立場にあったと考えられる。琉球は進貢使が帰国すると、その正使を唐之首尾御使者《とうのしゅびおししゃ》として薩摩藩に派遣し中国情勢を報告した。奥船の断絶後、進貢使は日本にとってアジア情報の提供者として一層重要な位置を占めていったと思われる。

　幕府は清に朝貢する琉球からの使節を、日本の御威光を弥増《いやま》す装置として重要視した。そのため琉球と清の冊封・朝貢関係の維持を期待した。そこで琉球は清に朝貢を続け、朝貢国のなかで朝鮮につぐ第二の席次を維持することにつとめた。そして、琉球使節の江戸上りを続けるとともに中国情報を薩摩藩にもたらし、その存在感を誇示したのである。

▼**乍浦船**　清の浙江省嘉興府平湖県の乍浦を出航して長崎に来航した中国船。乍浦は一七三〇（享保十五）年ごろ中国における対日貿易の主要な港であった。「日本商問屋」と呼ばれる中国商人がいた。

⑤—トカラとの通交

琉日関係の隠蔽

一七一九(享保四)年は尚敬《しょうけい》の冊封《さくほう》が予定されていた。そこで、前年二月二十日、琉球《りゅうきゅう》の三司官《さんしかん》(勝連親方《かつれんうえーかた》・浦添《うらそえ》親方・伊舎堂《いしゃどう》親方)は琉球仮屋《かりや》の在番親方(識《しき》名《な》親方)と琉球仮屋守《かりやもり》(大脇正兵衛《おおわきせいべえ》)に対し、一六八三(天和三)年の尚貞《しょうてい》冊封のとき、琉球は役人・船頭《せんどう》らを宝島人《たからじまじん》と称して冊封使と対面させたが、今回もそれがあるのか、来年琉球に渡海する冠船《かんせん》奉行からおたずねがあったら参考にするようにと、そのときの日帳《にっちょう》抜書を送った。

一六八三年、尚貞冊封の際、琉球は、「宝島は、琉球の支配下にあるということを中国人も聞き伝えている」(「琉球御掛衆愚按之覚　全」)という理由で、冠船奉行の付衆《つけしゅう》・在番奉行の付衆・足軽《あしがる》・船頭を宝(島)人と名乗らせ、冊封使の旅宿(天使館《てんしかん》)において冊封使に対面させた。宝島は七島(吐噶喇《トカラ》列島)の総称である。日帳抜書によると、宝島人たちは、冠船奉行の付衆高田茂太夫・端山《はしやま》六郎右衛門、琉球在番奉行の付衆浜田忠兵衛・小野甚左衛門、冠船奉行の道具衆小玉左市兵衛・生駒《いこま》兵右衛門、供衆《ともしゅう》二二人、船頭山川の貞右衛門・同三郎右衛門・同木工右衛門《もくえもん》、浜之市《はまのいち》（国分《こくぶ》）の甚七、鹿児島の次郎左衛門・同清左衛門で、長史《ちょうし》▲大田親雲上《ペーチン》が案内して天使館をたずねた。しかし宝島人すなわち七島人と対面した正使の汪楫《おうしゅう》は、皇帝への復命書である「使琉球雑録」（『那覇市史　資料篇』第一巻三、冊封使録関係資料〈読み下し編〉）のなかで、

> 七島の頭目はみな右の字が名前に付いている。すなわち甚右、清右、三良右、木工右、次良右、甚七右、貞右と。通事は重徳という。筆談で、宝島は琉球の属地であると語った。しかしその様子は獰劣《どうれつ》であり、少しも中山と同じではない。七島人は、頭の頂の髪際を剃り、わずかに一線を留めてこれを後に束ねている。夏日は木綿の粗衣を着用し、赤足にして腰に短刀を差している。すなわち日本人である。

と記し、七島の頭目が日本人であることを見抜いていた。三良右は、前掲日帳抜書の山川の船頭三郎右衛門、木工右は木工右衛門、貞右は貞右衛門、清右は鹿児島の船頭清左衛門、甚七右は浜之市の甚七、甚右は琉球在番奉行の付衆小野甚左衛門、また次良右は冠船奉行平山次郎右衛門忠知《ただとも》、に比定される。大田

▼**長史**　久米村に関する一切の公務をつかさどる役。

●——**倭人の図**（松下見林『異称日本伝』より）

親雲上はこのあと琉球在番奉行を務めた大田内蔵之介《くらのすけ》と思われる。

前述のとおり、一六八一(天和元)年に、日本は琉球の「邪儀」を警戒していた。それが清の琉球冊封、すなわち琉清関係をかかる形で警戒させたのである。これは中国に対し琉日関係を隠蔽する政策の始まりであった。

七島人と冊封使の対面については、一七一八(享保三)年閏十月、七島郡司《ぐんじ》▲が、

> 琉球に冠船が渡来した際、中国の冊封使へ、七島郡司の名代として、七島者四人に船頭三人が加わり、都合七人罷り出で、進上物ならびに返シ品などがあった。

と、薩摩侵入以前は、冊封使来琉の節、七島郡司の名代が冊封使に対面し、進上物・返し品の贈答が行われたと述べている(「列朝制度」一九七一号)。このほかに、冊封使が那覇に渡来したとき、大島五島(奄美《あまみ》諸島)の役人が那覇に赴いて役儀を務めたことを、一六二六(寛永三)年に三司官が薩摩藩に語っている。

こうした過去の経緯があったが、一七一九年二月、城代《じょうだい》▲島津将監《しょうげん》(久当《ひさあつ》)は御勝手方に対し、「宝島が琉球の支配下にあるというのは事実ではないので、宝島人と冊封使の対面は許可しがたい」(「琉球御掛衆愚按之覚　全」)と琉球仮屋の在

▼**七島郡司**　薩摩藩が七島の各島に設置した島役人。琉球の国司に対応する七島の郡司。七島は薩摩侵入後薩摩藩の直轄地となったので、七島郡司はそれ以前の冊封のときの様子を語っていることになる。

▼**城代**　参勤交代で留守する藩主にかわって城を守り政務を統轄した。

番親方・琉球仮屋守に申し渡すよう命じた。また同月、琉球に、冠船奉行の派遣を告げ、冊封使以下の中国人の妄《みだ》りな横行を禁じる旨を伝えた。六月、冊封正使海宝《かいほう》・副使徐葆光《じょほうこう》が琉球に渡来した。冊封使の琉球滞在中、薩摩藩の役人は浦添間切《まぎり》城間《ぐすくま》村▲に身を隠し、船舶は沖縄島北部の運天《うんてん》港に回航して、中国人の前から琉球と薩摩藩の関係を隠蔽した。

隠蔽政策▲の結果、日本商人が、冊封のときに行われる「評価《ハンガー》」▲に参加できなくなった。蔡温《さいおん》の『自叙伝』によると、一七一九年の冊封のとき、中国人が持ち込んだ品物の代銀は二〇〇〇貫目余あったが、琉球には買物代銀として五〇〇貫目余しかなかったので、老若男女の簪《かんざし》ならびに家々から銅錫《どうすず》の器物を取り集め、銀に換算して一〇〇貫目追加の買物を行った、という(崎濱秀明『蔡温全集』)。

虚構の国トカラ

隠蔽政策の舞台となった宝島は七島のことである。南西諸島の北に口之島《くちのしま》・中之島《なかのしま》・悪石島《あくせきじま》・諏訪瀬島《すわのせじま》・臥蛇島《がじゃじま》・平島《たいらじま》・宝島、という七つの島が飛び石状に連なっている。黒潮が流れを東方に変えるこの海域は七島灘《しちとうなだ》と呼ばれる海の

▼**浦添間切城間村**　一七五六(宝暦六)、一八〇〇(寛政十二)、一八三八(天保九)年の冊封のとき、中国人が城間村にいるのは薩摩藩の役人か、それとも宝島人か確認しようとしている。

▼**隠蔽政策**　一七一九年に薩摩藩は宝島人と冊封使の対面を禁じ琉球の隠蔽政策を容認したが、同年の冊封以降、同藩直轄地の奄美諸島(道之島)より小麦・豚・鶏・玉子などの食材を琉球に送り、琉清関係を側面的に援助した。

▼**「評価」**　冊封使一行の唐人持渡品に値をつけること。

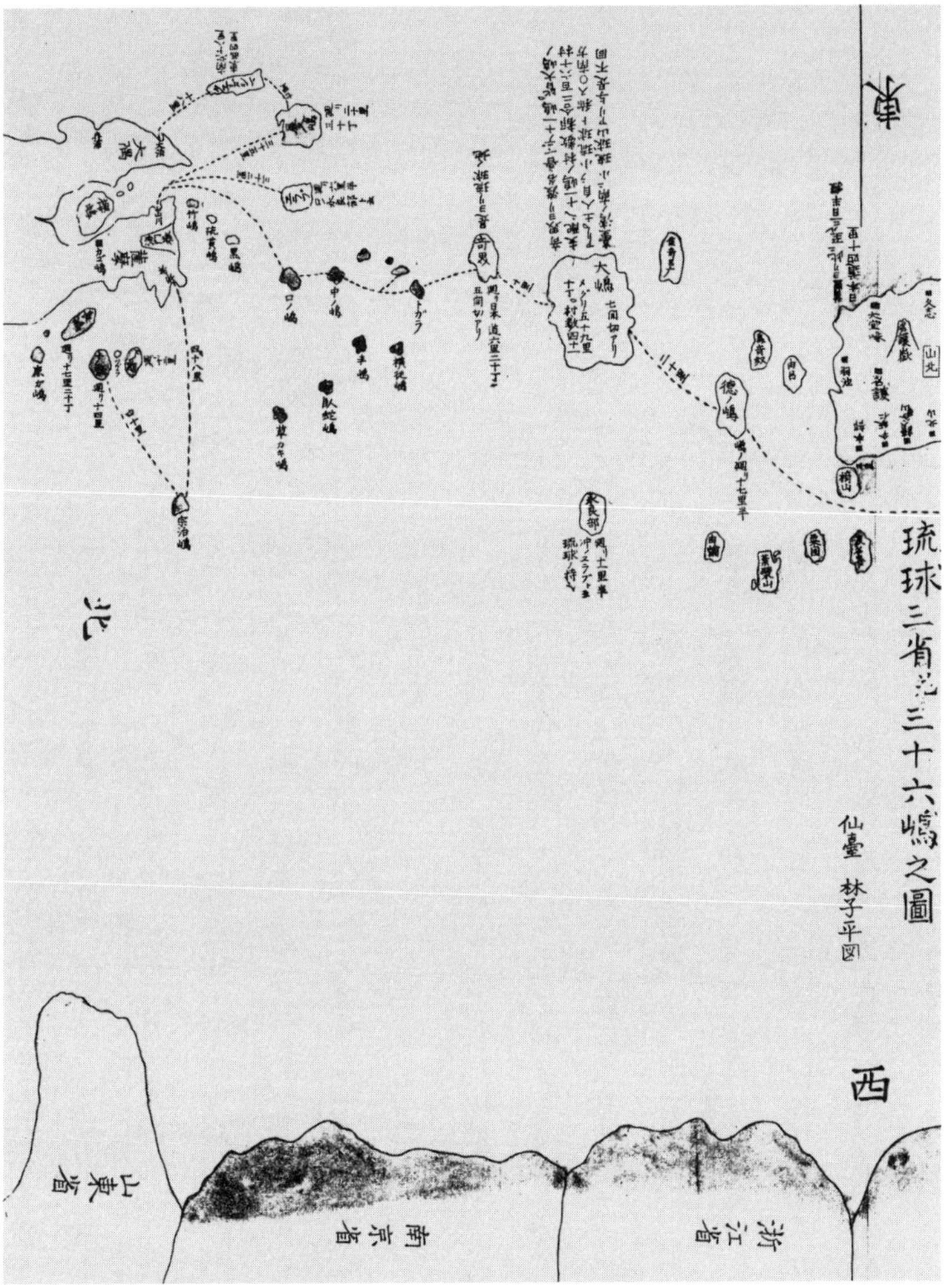

●──「琉球三省幷三十六嶋之図」（林子平『三国通覧図説』による）

●――馬艦《まーらん》船模型

運ぶ船なら、今年は宝島商船がわずかしか来航しなかったので、こちらからその宝島商船を雇って宝島に商売にいく途中である、銀を積んでいるときは、帰り道である、と答える。宮古《みやこ》・八重山《やえやま》の両先島在番の場合は、与論島《よろんとう》在番である、宝島商船に便乗して赴任する途中だった、楷船《かいせん》（薩摩に派遣する官船）・馬艦《まーらん》船《せん》（琉球の島内《とうない》船）に日本人を乗せていたときは、北山の年貢船である、北山に漂着した宝島商船の人びとを乗せて中山に向かう途中であった、と説明するよう指示した。

さらに、一七六二（宝暦十二）年に「唐漂着船心得」を定め、中国に漂着して通手形・諸書付を取り上げられ、日本年号・日本人の名前を見とがめられそうになったときは焼きすてるか、海に投棄するよう指示した。一七六五（明和二）年には「冠船渡来に付締方《しまりかた》書渡《かきわたし》候《そうろう》覚《おぼえ》」を定め、冊封使の琉球滞在中、琉球が薩摩藩の支配下に入ったことを中国人に話してはいけない、日本年号・日本人の名前・日本の書物・器など中国人に見とがめられそうなものは深く隠しておくよう命じた（喜舎場一隆「近世期琉球の対外隠蔽主義政策」）。

一八六六（慶応二）年に尚泰を冊封する冠船を迎えるにあたり、勅使御《お》迎《むかえ》大《た》夫《ゆう》の真栄里《まえさと》親方は、「唐人江応答之心得」を示し、琉球の金銀は宝島人が日本からもたらしていると、宝島との通交を説明するよう指図している（『勅使御迎大夫日記　真栄里親方』早稲田大学図書館蔵）。琉球の対外隠蔽政策は幕末まで維持されているのである。

琉球の対外隠蔽政策は、琉球が清との冊封・朝貢関係を円滑に維持していくための政策として展開されていった。

●—維新慶賀使　前列中央、正使伊江王子。

琉球処分

一八六七(慶応三)年十月、十五代将軍徳川慶喜《とくがわよしのぶ》が大政奉還《たいせいほうかん》を行い、二六〇余年続いた徳川幕府は崩壊した。十二月、明治政府は王政復古《おうせいふっこ》の大号令を発した。

明治政府は一八六九(明治二)年六月版籍奉還《はんせきほうかん》を、続いて七一(同四)年七月廃藩置県《はいはんちけん》を断行し、中央集権的な国家体制を形成した。廃藩置県と同月、対外的には日清修好条規《にっしんしゅうこうじょうき》を締結し、日中国交が成立した。それは、幕藩体制下の琉球の位置づけが問いなおされることを意味した。だが、廃藩置県で薩摩藩は鹿児島県となったが、琉球は引き続き同県が支配した。

一八七一年十一月、台湾に漂着した琉球の宮古島民が、現地民に殺害された台湾事件を契機に、明治政府部内で琉球の「日中両属」の状態を解消し日本に帰属させることが議論されるようになった。

明治政府は琉球に維新慶賀使《いしんけいがし》の派遣を要求し、一八七二(明治五)年九月、琉球の維新慶賀使(正使伊江王子《いえおうじ》朝直《ちょうちょく》)が東京に到着した。九月十四日、明治政府は、琉球国を廃止して琉球藩を設置し、藩王《はんおう》とされて華族《かぞく》に列した尚泰《しょうたい》は飯田《いいだ》橋《ばし》に藩邸を賜った。また、摂政《せっせい》・三司官《さんしかん》の任命権も明治政府が掌握した。一八五〇年代に琉球が欧米諸国と締結した琉米、琉仏、琉蘭修好条約▲は外務省が引き継ぎ、琉球在番奉行所は外務省出張所となり、最後の琉球在番奉行福崎季連《ふくざききれん》は外務省九等出仕に任用された。琉球藩は外務省所管となった。年頭使は一八七三(明治六)年から鹿児島にかわって東京に派遣された(一八七六〈明治九〉年まで)。

一八七四(明治七)年五月、明治政府は台湾出兵▲を行い、それを清に「保民《ほみん》の義挙」として認めさせ賠償金五〇万両《テール》を獲得した。翌一八七五(明治八)年、明治政府は琉球藩を内務省に移管し、内務大丞《ないむだいじょう》松田道之《みちゆき》を琉球に派遣して、(1)清への進貢使・皇帝即位の慶賀使の派遣停止、ならびに藩王代替わりの節清より冊封を受けるのを禁止(冊封・朝貢関係の停止)、(2)日本年号の使用、日本の年《ねん》

●――尚泰

▼**琉米、琉仏、琉蘭修好条約**　琉球がそれぞれ一八五四、五五、五九(安政元、二、六)年に調印。薪水・食料の供給、難破船員の生命・財産の保護、その他を定める。

▼**台湾出兵**　一八七一(明治四)年琉球の宮古島民が台湾で殺害された。それを理由に明治政府が一八七四(明治七)年、台湾に出兵した事件。

中行事《ちゅうぎょうじ》の遵行、刑法施行のため取調べ担当の者二、三人の上京、藩制改革▲の施行、学事修業・事情通知のため少壮の者一〇人ほどの上京（日本の制度導入）、を命じた。

こうした明治政府の命令を受けて、一八七六年、琉球は清への進貢使の派遣を停止し、また、琉球の歴史（『中山世譜』『球陽』）の書き継ぎを中止した。

明治政府は一八七九（明治十二）年、松田道之を熊本鎮台沖縄分遣隊三〇〇余人・警官一六〇余人とともに琉球に派遣し、三月二十七日、首里《しゅり》城において琉球藩を廃し沖縄県をおくことを申し渡した。木梨精一郎《きなしせいいちろう》を県令心得《けんれいこころえ》に任命し、内務省《ないむしょう》出張所に仮県庁を開設した。四月、旧肥前国《ひぜんのくに》鹿島《かしま》藩主鍋島直彬《なべしまなおよし》が初代県令に任命され、五月十八日、着任した。

こうして四五〇年余続いた琉球王国は崩壊した。

▼**藩制改革**　琉球藩の職制を大参事・権大参事、小参事・権小参事などと、他府県同様に改めるよう命じた。

●―写真所蔵・提供者一覧(敬称略・五十音順)

Alphonse Favier『燕京開教略』救世堂　p.27右, 37
大阪城天守閣　p.25
沖縄観光コンベンションビューロー　p.21
沖縄県教育委員会　p.5, 36左
沖縄県立図書館　p.64・65, 67
沖縄県立博物館　カバー表, p.9, 19, 20, 30, 52, 68
沖縄県立博物館, 高良倉吉・田名真之編『図説　琉球王国』河出書房新社　p.71右
沖縄県立博物館・彦根城博物館　p.90
鹿児島県立図書館　p.35上
鹿児島市立美術館　p.35中・下
鎌倉芳太郎(撮影), 沖縄県立芸術大学(所蔵)　扉, p.17, 71左
故宮博物院『清代皇帝像』紫禁城出版社　p.23
滋賀大学経済学部附属史料館　p.51
C.P.C.　p.74, 75
尚古集成館　p.16
高倉幸次郎・琉球新報社　カバー裏
東京国立博物館　p.36右
東京大学史料編纂所　p.18, 83
東洋歴史参考図譜刊行会編『東洋歴史参考図譜』　p.27左
徳川美術館　p.2
独立行政法人国立公文書館　p.45, 79, 88・89
長崎県立長崎図書館　p.46
那覇市　p.3(重要文化財), 4(重要文化財), 92, 93
妙覚寺・岡山県立博物館　p.44